Carola Bruhier | Irina Vitt (Illustr.)

Hähnchen und Hennchen

entdecken das Geheimnis von Ostern

Carola Bruhier, Irina Vitt (Illustr.)
Hähnchen und Hennchen
entdecken das Geheimnis von Ostern
Best.-Nr. 271995
ISBN 978-3-86353-995-5

1. Auflage
© 2025 Christliche Verlagsgesellschaft mbH
Am Güterbahnhof 26 | 35683 Dillenburg
info@cv-dillenburg.de

Satz und Umschlaggestaltung:
Christliche Verlagsgesellschaft mbH
Motive auf dem Umschlag und im Innenteil: © Irina Vitt

Druck: FINIDR, s.r.o.
Printed in Czech Republic

Wenn Sie Rechtschreib- oder Zeichensetzungsfehler entdeckt haben,
können Sie uns gern kontaktieren:
info@cv-dillenburg.de

Carola Bruhier
Irina Vitt (Illustr.)

HÄHNCHEN UND HENNCHEN

entdecken das Geheimnis von Ostern

Das bin ich.

Und das ist
meine Schwester.

Na ja, noch nicht ganz.

Aber fast.

Na endlich!

Das sind wir, Hähnchen und Hennchen.

Wer von uns beiden ist Hähnchen und wer Hennchen?
Schwierig zu sagen. Aber Mama weiß es immer.
Wenn sie Hennchen ruft und ich komme, ruft sie einfach noch mal.

Bei den Großen sieht man sofort,
wer Hahn ist und wer Henne.
So wie bei Mama und Papa.

Schwarze Hühner kommen bei uns auf dem Hühnerhof
nicht so häufig vor. Die meisten Tanten sind weiß oder braun.
Manche auch beides. Aber schwarz sind nur Mama und Papa.

In unserer Familie gibt es
ganz viele Tanten.
Aber nicht so viele Onkel.

Mama sagt, das hat was mit Hähnen und Streit zu tun. Und dass es in manchen Familien so richtige Streithähne gibt.

Aber Papa und Onkel vertragen sich. Mama meint, sie haben die gleichen Interessen.

Viel passiert nicht bei uns auf dem Hühnerhof.
Die Tanten haben trotzdem immer viel zu tun.
Sie verbringen die meiste Zeit mit Scharren im Dreck.

Manchmal finden sie
dabei einen Leckerbissen.

Oder sie legen Eier.
Eierlegen ist ein wichtiges
Geschäft auf dem Hühnerhof.

Die Tanten gucken immer
ganz genau, wer wie viele
und welche Eier legt.

Tante Gudrun legt besonders große Eier.
Und das bekommt dann immer der ganze
Hühnerhof mit.

Nachts schlafen die Großen in einer Reihe auf der Stange.

Und wir Kleinen kuscheln uns im Stroh an unsere Mamas.

Papa hat hier auf dem Hühnerhof
immer das letzte Wort.
Und morgens das erste.

Heute Morgen hat Hennchen
etwas Komisches gefunden.

Ein Ei. Aber nicht irgendein Ei. Ein blaues Ei.

Wie kann das sein? Manche Blumen
sind blau. Der Himmel an einem
sonnigen Tag ist blau. Das Kleid von
Marie, die uns das Futter bringt,
ist blau.

Aber Eier sind
NICHT blau!

Und es wird immer noch bunter
auf unserem Hof.

Eier sind auch NICHT rot.
Oder lila. Oder orange.
Sie sind NICHT gepunktet,
gestreift und schon gar nicht
kariert.

Es ist zum Verrücktwerden.
Auf dem ganzen Hof liegen
diese komischen Dinger herum.

Eier bei uns auf dem Hühnerhof sind weiß oder braun.
Manchmal haben sie ein paar Sprenkel.
Das weiß doch jedes Küken!

Ob auch aus diesen bunten
Eiern Küken kommen?
Und sind die dann etwa blau?
Oder grün oder rosa oder
lila mit gelben Punkten?

Das ist doch Quatsch, meint Hennchen.
Es gibt keine lila Küken mit gelben Punkten.
Alle Küken sind gelb!

Aber selbst unter diesen komischen bunten Eiern
ist kein einziges schwarzes Ei zu finden.

Wir müssen Mama und Papa fragen. Die wissen eigentlich immer alles.
Zumindest, wenn es um Hühner geht und den Hühnerhof.

Vielleicht wissen sie auch, was zuerst war:
das Huhn oder das Ei oder vielleicht das Küken?

Das wissen sie dann doch nicht. Aber sie wissen,
dass aus befruchteten, ausgebrüteten Eiern
Küken schlüpfen.

Auch Mama war einmal ein Küken und davor im Ei.
Und auch Papa hat als Küken im Ei darauf gewartet,
dass es Zeit war rauszukommen.

Jedes geschlüpfte Küken ist ein kleines Hähnchen oder ein kleines Hennchen.
Und aus jedem Hähnchen wird einmal ein Hahn und aus jedem Hennchen eine Henne.
Egal, ob weiß, braun, gesprenkelt oder schwarz.

Mama und Papa
wissen aber auch,
dass die bunten Eier
mit Ostern zu tun haben.

Und Ostern ist eine noch viel größere Geschichte.
Eine Geschichte, in der neues Leben entsteht,
sogar wenn das alte Leben zu Ende ist.

Wenn da EINER einen so riesengroßen Plan über immer neues Leben hat, dann weiß dieser EINE sicherlich auch, was zuerst war: das Huhn, das Ei oder das Küken!

Damit ist Hennchen und mir auf jeden Fall klar:
Es gibt im Leben noch ganz viel zu entdecken. Bei uns hier
auf dem Bauernhof und auch um das Geheimnis von Ostern.

Wusstest du ...

dass für die Christen der Ostersonntag der höchste Feiertag im Jahr ist? Der gekreuzigte und gestorbene Jesus ist nicht im Grab geblieben. Er hat den Tod und die Mächte des Bösen besiegt, ist auferstanden und hat den Weg nach Hause zu Gott dem Vater frei gemacht. Jesus starb am Kreuz als Opfer und Erlöser für die ganze Welt. Und er ist auferstanden.

Im Mittelalter hat man die ersten Ostereier rot eingefärbt, um an das vergossene Blut Jesu zu erinnern.

In der Fastenzeit vor Ostern machten die Christen ihre Eier durch Hartkochen haltbar, weil sie sie erst an Ostern essen durften. Kühlschränke gab es ja früher noch nicht. Dann wurden sie in den verschiedensten Farben, mit Mustern und Verzierungen kunstvoll bemalt.

Die natürliche Eierschalenfarbe ist übrigens abhängig von der jeweiligen Hühnerrasse und nicht von der Farbe der Henne. Hier hat sich Hennchen geirrt.

Das Osterei ist für die Christen ein Symbol für die Auferstehung von Jesus Christus. Von außen wirkt es kalt und tot, doch im Inneren ist schon neues Leben. Das leere Ei erinnert an das leere, dunkle Grab, das Jesus, den Retter und das Licht der Welt, nicht halten konnte.

Das Licht ist stärker als die Dunkelheit.
Das Leben ist stärker als der Tod.
„Wie der Vogel (oder das Küken) aus dem Ei gekrochen, so hat Jesus das Grab zerbrochen", ist ein Volksspruch zu Ostern.

Die Ostergeschichte erzählt von Jesus, der vom Tod zu neuem Leben auferstanden ist. Und in IHM ist Gott für die Welt zu einem kleinen Menschenkind geworden. Für IHN ist also nichts zu groß und nichts zu klein.
Nicht einmal ein Küken.

Melanie Roll
Die Brüder Hasenherz
Gb., 28 S., 21,6 × 29,7 cm
Best.-Nr. 271532
ISBN 978-3-86353-532-2

Eine Hasenfamilie nimmt ein Findelkind auf. Dass es sich dabei um einen kleinen Fuchs handelt, stört zunächst niemanden. Vor allem Bruno ist begeistert über sein neues Geschwisterchen. Doch dann beschließt der Bürgermeister, dass Theo zu den Füchsen zurück in den Wald muss ... Ab 5 J.

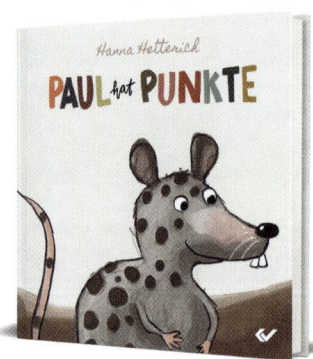

Hanna Hetterich
Paul hat Punkte
Gb., 44 S., 21 × 21 cm
Best.-Nr. 271799
ISBN 978-3-86353-799-9

Paul ist ein kleines Mäusejunges. Doch er sieht anders aus als alle anderen Mäuse: Er hat nämlich Punkte auf dem Fell! So macht er sich eines Tages auf den Weg, um herauszufinden, was es mit diesen Punkten auf sich hat. Er trifft den Kater, zwei Hasen, Frösche, einen Spatzen und noch viele andere Tiere, doch keines kann ihm sagen, warum er ein gepunktetes Fell hat. Paul ist schon ganz traurig, doch dann begegnet ihm der Siebenschläfer, und der hat eine erstaunliche Antwort ... 4–7 J.

Simone Piscioneri
Gut zu wissen – Tiere der Bibel
Gb., 48 S., 22 × 26 cm
Best.-Nr. 271891
ISBN 978-3-86353-891-0

Tiere sind toll, aber war dir klar, dass sie uns auch etwas über Gott erzählen? Kennst du schon den biblischen Raben-Essenslieferservice? Und hast du eine Idee, wer gerne Heuschrecken-Snacks aß?! Lass dich überraschen, wie Gott in der Bibel Tiere gebraucht hat. 7–10 J.